Mohammad

11/25/24 کاردشن محمد رکه

عبید شبود در حاش

نقل حلا

12/02/24 برایم کارشن ع

را نشان داد

12/05/24 هم برایم کارشن

ما آمد پیشم و ل رفتم برایش گفتم